LE

NAPOLÉONISME

PAR

BESNARD

LAON

Imp. Henry Le Vasseur, rue St-Jean, 39

1876

LE NAPOLÉONISME

Par Besnard.

Il existe encore dans le fond de nos campagnes quelques hommes, en nombre bien petit il est vrai, qui; ignorant les faits accomplis depuis une vingtaine d'années, conservent encore de l'affection pour la dynastie de Napoléon III qui, par son incapacité, a fait envahir la France en 1870, a perdu notre gloire militaire, ainsi que nos belles provinces d'Alsace et de Lorraine et nous a réduits à acheter la paix par une exhorbitante rançon de cinq milliards.

Excitant leur pitié afin de les tromper plus facilement, les exploiteurs du parti napoléoniste leur insinuent que nos désastres ne sont pas dus à Napoléon III, mais bien à la trahison. Ils allèguent de plus que, sous son règne, la prospérité était plus grande qu'aujourd'hui et que cette prospérité ne renaîtra qu'avec son fils.

Ces trois allégations sont mensongères.

En juillet 1870, Napoléon a déclaré la guerre, sans motifs, sans préparatifs et sans alliances, contrairement à l'usage général fondé sur le bon sens.

Sans motifs ! En effet, le prince Hohenzollern, conformément à la demande de la France, avait renoncé à la couronne d'Espagne, que lui offrait le Parlement espagnol, et le roi de Prusse n'avait pas insulté M. Benedetti, notre ambassadeur, ainsi que l'ont avancé nos ministres, lesquels n'ont jamais pu produire la dépêche de notre ambassadeur, annonçant la prétendue insulte.

Sans alliances ! Pendant la guerre a-t-on vu les troupes d'un seul peuple d'Europe combattre dans nos rangs ?

Sans armements ! Ne sait-on pas que nos mobiles, nos mobilisés et nos jeunes soldats, appelés en août 70, manquaient de chassepots et de canons ?

Des centaines de millions, votés quelques années auparavant, par le corps législatif, pour la transformation de nos armes et pour l'achat de matériel de guerre avaient été dilapidés.

Au lieu d'être au complet, nos régiments étaient réduits au plus mince effectif, ce qui permettait de détourner les millions que nous payions pour l'équipement et la nourriture de soldats absents, et que nous croyions présents sous les drapeaux. Qu'on demande aux soldats de cette époque, qui étaient alors sous les drapeaux, de combien de fusiliers présents étaient formés les bataillons !

Les approvisionnements n'avaient pas même été préparés ; trois jours après son départ du camp de Châlons, la malheureuse armée de Sedan, manquant de vivres, était réduite à manger, dans les champs, des betteraves et des pommes de terre, alors qu'il était si facile de lui expédier, par le chemin de fer de Rethel, des moutons et des bœufs chargés au marché de la Villette, où il en arrivait des milliers par semaine.

Il n'avait même pas été dressé de plan de campagne : aussi, nos soldats, éparpillés en petits corps sur une étendue de 70 lieues, de Belfort à Thionville, attaqués successivement par les masses ennemies, ont-ils été inévitablement écrasés, malgré leur bravoure, à Wissembourg, à Forbach et à Reichschoffen.

Est-ce que ces fautes n'établissent pas jusqu'à la dernière évidence la complète incapacité de Napoléon III et des hommes de l'Empire, surtout quand, la veille de la déclaration de guerre, M. Thiers, bien informé, affirmant au Corps législatif que nous n'étions pas suffisamment préparés, suppliait le gouvernement de ne pas déclarer la guerre ?

Le code militaire détermine certains faits entraînant trahison et punissables de la peine de mort, entr'autres la livraison d'une armée à l'ennemi en rase campagne.

Qui ne se souvient que le 2 septembre 1870, à Sedan, se refusant à faire sur Montmédy, la trouée proposée par le brave général Wimpfen, Napoléon III a livré aux Prussiens son armée de 90,000 hommes ? Honte qui ne s'est encore vue chez aucun peuple !

Loin d'avoir été trahi, c'est donc Napoléon qui a trahi la France !

Le 28 octobre 1870, l'infâme Bazaine, imitant son maître avec lequel il était sans doute d'accord, a livré aussi à l'ennemi Metz et son armée de 173,000 hommes ! Eh bien ! ce Bazaine, échappé de sa prison, a visité, le vendredi 15 août 1874, dans leur château d'Arenemberg (Suisse), *l'ex-impératrice et son fils, qui l'ont accueilli avec l'amicale poignée de main.*

Une réception aussi scandaleuse ne suppose-t-elle pas la complicité de Bazaine avec Napoléon et l'ex-impératrice, approuvée par leur fils ?

Maintenant, examinons la prospérité matérielle de l'Empire.

Une telle prospérité s'apprécie par l'élévation du prix des salaires et des denrées peu sujettes aux intempéries, et par la somme des importations et des exportations, ainsi que des transports effectués.

Nos campagnes ne sont peuplées que d'ouvriers agricoles et de producteurs de denrées.

Jamais sous l'empire, tout le monde le sait, les salaires de ces ouvriers n'ont été aussi élevés qu'aujourd'hui.

Dans la première quinzaine d'août 1869, le prix moyen du kilogramme de bœuf était d'un franc 43 centimes au marché de Poissy : le 12 août 1875, il s'élevait à 1 fr. 52 centimes au marché de la Villette.

Dans l'Aisne, durant les quatre dernières années du règne de Napoléon, la laine s'est vendue, en moyenne, 1 fr. 90 c. le kilo ; et dans les années 1872-73-74 et 75, 2 francs 29 centimes.

Pendant les onze premiers mois de 1869, nos importations n'ont atteint que 2 milliards 884 millions, et nos exportations que 2 milliards 846 millions.

Pendant la même période de 1875, nos importations se sont élevées à 3 milliards 360 millions, et nos exportations à 3 milliards 656 millions.

Enfin, en 1869, la recette kilométrique de l'ancien réseau du chemin de fer du Nord n'a été que de 58,378 fr., tandis qu'en 1875, elle a été de 62,139 fr.

Ces faits ne prouvent-ils pas victorieusement que la prospérité actuelle est notablement supérieure à celle du règne de Napoléon ?

Du reste, en Europe, depuis 60 ans, il n'est pas un peuple qui n'ait amélioré sa situation matérielle. La production augmentée par le savoir, un meilleur outillage et l'emploi

des machines, que favorisait l'ou-
verture de routes, de canaux et de
chemins de fer, ne pouvait pas ne
pas amener cet heureux résultat.

Il est bon de remarquer que,
grâce à ces dilapidations bien con-
nues, l'empire nous a endetté de 5
milliards 690 millions en 18 ans,
de 1852 à 1870. Lorsqu'à cet énorme
passif on ajoute 3 milliards pour la
folle guerre de 1870, et 5 milliards
payés pour notre rançon, il vient à
l'esprit cette pensée : Le peuple
français est donc bien laborieux
pour accroître encore sa richesse,
malgré de si lourdes charges trans-
formées en une foule d'impôts nouveaux.

Si le jeune Napoléon tentait de
reprendre la couronne de son père,
notre prospérité se continuerait-
elle ?

Assurément non.

Pour renverser le gouvernement

républicain actuel, il lui faudrait susciter une guerre civile, d'où misère par la cessation de travail, meurtres, incendies et toutes les horreurs de pareilles guerres.

Après avoir causé d'horribles malheurs, ses efforts seraient vains.

Si, par impossible, il parvenait à s'emparer du pouvoir, il ne pourrait pas le conserver : de là encore de nouveaux troubles.

Qui oserait soutenir qu'un enfant de 19 ans, avec une mère espagnole, ignorante, violente et fanatique comme toutes ses compatriotes, serait capable de gouverner la France ?

Comment résisterait-il à l'opposition de toutes les villes devenues si républicaines, grâce à l'indépendance de leurs habitants éclairés ? Notre histoire ne constate-t-elle pas que, depuis 1789, pas un chef de nos gouvernements n'a pu résister à l'opposition seule de Paris, qui, à cause de son voisinage du siége du gouvernement, a toujours si bien apprécié leur incapacité ou leur indignité ?

Le jeune Napoléon débuterait sans doute comme son père qui (on l'a affiché dans les écoles), pour mieux opprimer le peuple, par l'ignorance, ne permettait à l'enfant de 13 ans de fréquenter l'école qu'avec l'autorisation du maire, et restreignait l'enseignement primaire à la lecture, l'écriture, la grammaire et le calcul avec les poids et mesures. Quant aux autres connaissances humaines, elles ne pouvaient l'être que facultativement, c'est-à-dire qu'elles ne l'étaient pas.

Etant le filleul du Pape, le jeune empereur condescendrait sans doute au désir de son parrain qui, par suite de la réunion volontaire du peuple romain au royaume d'Italie,

ayant perdu le gouvernement tem-
porel de Rome, désire toujours le
recouvrer. De là, une guerre avec
l'Italie qui ne souffrirait plus que
nos soldats occupassent Rome,
comme ils l'ont toujours occupée,
à leur grand regret, à la demande
du Pape, pendant tout le règne du
faux dévôt Napoléon III, cherchant
à gagner l'appui du Clergé. Nous
voyant en lutte contre l'Italie, l'Al-
lemagne, qui nous convoite, nous
attaquerait pour nous rançonner et
nous démembrer comme naguère la
malheureuse Pologne.

En terminant, il est bon de rap-
peler ;

Que, jusqu'à la Révolution de
1789, les privilèges du clergé, no-
tamment la dîme, les droits féodaux
de la noblesse, et les prérogatives
de la royauté, heureusement abolis
par cette révolution, avaient plongé

nos pères dans une horrible misère (1) ;

(1) En preuve de la misère de nos pères, nous
allons rapporter un extrait du cahier des doléances
de la commune de Chailvois (Aisne), dressé lors
des élections du tiers Etat en 1789. Cet extrait,
ainsi que son orthographe, sont tirés de l'ouvrage
de M. Combier, président du tribunal civil de
Laon.

« Tout le gain d'un vigneron se réduit environ
» à 100 livres par an. En supposant que la fem-
» me gagne moitié, ce qu'on ne peut pourtant
» pas supposer si elle a plusieurs enfans, le gain
» serait porté à 150 livres. Avec cette modique
» somme, il faut ce logé, ce nourrir, s'abillier,
» ainsi que ces enfans. La nourriture ordi-
» naire est du pain trempé dans de l'au salée, que
» ce n'est pas la peine de dire qu'on y met du
» beurre. Pour de la chair, on en mange le jour
» du mardy gras, le jour de paques et le jour de
» la fête patron, lorsqu'on va au pressoir pour
» le maitre ou lorsqu'on va aux noces. »

» On peut aussi mangé des fèves et des arri-
» cots lorsque le maitre n'empêche pas d'en met-
» tre dans ses vignes.

» Le sort des gens de travail est à peu près le
» même partout : ils ont à peine du pain à
» mangé et de l'au à boire et de la paille pour ce
» couché et un réduit pour se logé. Si le roy sa-
» vait ce que valent trois sols et qu'il y a des
» millions d'habitans dans son royaume qui, en
» travaillant depuis le matin jusqu'au soir, n'ent
» pas trois sols (sous) pour vivre. »

Que, sans la République, qui a vaincu la plupart des rois et empereurs de l'Europe, armés contre cette noble révolution, nous serions encore plongés dans cette misère, un peu amoindrie.

Que la monarchie, rétablie, chez nous, depuis trois quarts de siècle, en a été expulsée quatre fois parce que rois et empereurs, s'appuyant, dans la préoccupation de leur intérêt dynastique, soit sur le clergé, soit sur une classe quelconque, se sont toujours écartés des principes de Justice, de Liberté et d'Egalité civiles et politiques, proclamées par notre grande révolution ;

Et que ces salutaires principes ne peuvent être appliqués que par la République qui, comme gouvernement de la nation par elle-même, ne peut tendre qu'à leur application.